Impressum
Verlag: BABADADA GmbH, Nedderfeld 112 , 22529 Hamburg
Geschäftsführer / Verlagsleitung: Harald Hof
Druck: Books on Demand GmbH, In de Tarpen 42, 22848 Norderstedt

Imprint
Publisher: BABADADA GmbH, Nedderfeld 112 , 22529 Hamburg, Germany
Managing Director / Publishing direction: Harald Hof
Print: Books on Demand GmbH, In de Tarpen 42, 22848 Norderstedt

القسم
classroom

يقسم
divide

186/2

اللوح
board

باحة المدرسة
school yard

المعلم
teacher

ورقة
paper

يكتب
write

القلم
pen

طاولة المكتب
desk

المسطرة
ruler

الكتاب
book

التلميذ
pupil

الحقيبة المدرسية

satchel

المقلمة

pencil case

قلم الرصاص

pencil

البرّاية

pencil sharpener

الممحاة

rubber

دفتر الرسم

drawing pad

الرسمة

drawing

الفرشاة

paintbrush

علبة التلوين

paint box

المقص

scissors

المادة اللاصقة

glue

دفتر التمارين

exercise book

الواجب المدرسي

homework

الرقم

number

يجمع

add

إطرح

subtract

يضرب

multiply

يحسب

calculate

الحرف

letter

الأبجدية

alphabet

كلمة

word

النص
text

يقرأ
read

الطبشور
chalk

الحصة
lesson

دفتر الدوام المدرسي
register

الامتحان
examination

شهادة
certificate

اللباس المدرسي
school uniform

التعليم
education

الموسوعة
encyclopedia

الجامعة
university

المجهر
microscope

الخريطة
map

قماما
waste-paper basket

فندق
hotel

بيت الشباب
hostel

مكتب صرافة
currency exchange office

حقيبة
suitcase

سيارة
car

اللغة
language

نعم / لا
yes / no

حسناً
Okay

مرحباً
hello

مترجم
translator

شكراً
Thank you

كم ثمن ... ؟

how much is…?

لا أفهم

I don´t get it

مشكلة

problem

مساء الخير

Good evening!

صباح الخير!

Good morning!

ليلة سعيدة

Good night!

إلى اللقاء

goodbye

اتجاه

direction

أمتعة السفر

luggage

حقيبة

bag

حقيبة ظهر

backpack

ضيف

guest

غرفة

room

كيس للنوم

sleeping bag

خيمة

tent

استعلامات سياحية

tourist information

شاطئ

beach

بطاقة انتمان

credit card

إفطار

breakfast

طعام الغداء

lunch

العشاء

dinner

بطاقة سفر

Ticket

مصعد

elevator

طابع بريدي

stamp

حدود

border

الجمارك

customs

سفارة

embassy

تأشيرة

visa

جواز سفر

passport

طائرة
airplane

سفينة
ship

سيارة إطفاء
fire truck

سيارة شاحنة
truck

حافلة
bus

زورق آلي
motorboat

دراجة
bike

سيارة
car

عبارة
ferry

قارب
boat

دراجة نارية
motorbike

سيارة شرطة
police car

سيارة سباق
racing car

سيارة مستأجرة
rental car

أسلوب تشاركي في استنجار السيارات

....

car sharing

سيارة للجر

....

tow truck

سيارة نقل القمامة

....

garbage truck

محرك

....

engine

وقود

....

fuel

محطة وقود

....

fuel station

إشارة مرور

....

traffic sign

حركة السير

....

traffic

ازدحام سير

....

traffic jam

موقف سيارات

....

parking lot

محطة قطار

....

train station

سكك حديدية

....

tracks

قطار

....

train

ترام

....

tram

عربة قطار

....

wagon

طائرة مروحية

helicopter

مطار

airport

برج

tower

مسافر

passenger

حاوية

container

علبة كرتون

carton

عربة يد

cart

سلة

basket

يقلع / يهبط

take off / land

مدينة

city

قرية

village

مركز المدينة

city center

بيت

house

سينما
movie theater

دعاية
advert

مصباح الشارع
street light

CINEMA

شارع
street

تاكسي
taxi

كشك
snack shop

مشاة
pedestrian

رصيف
sidewalk

معبر المشاة
zebra crossing

حاوية قمامة
dumpster

تقاطع
crossing

إشارة ضوئية
traffic lights

كوخ
....
hut

شقة
....
apartment

محطة قطار
....
train station

دار البلدية
....
city hall

متحف
....
museum

المدرسة
....
school

الجامعة

university

مصرف

bank

المستشفى

hospital

فندق

hotel

صيدلية

pharmacy

مكتب

office

مكتبة

book shop

متجر

shop

محل لبيع الزهور

flower shop

سوبرماركت

supermarket

سوق

market

متجر كبير

department store

تاجر السمك

fishmonger's shop

مركز تسوّق

mall

ميناء

harbor

حديقة عامة

park

مقعد

bench

جسر

bridge

درج، سلم

stairs

مترو

subway

نفق

tunnel

موقف حافلات

bus stop

بار

bar

مطعم

restaurant

صندوق البريد

postbox

لافتة باسم الشارع

street sign

مقياس زمن الوقوف

parking meter

حديقة حيوانات

zoo

مسبح

swimming pool

مسجد

mosque

مزرعة
farm

تلوث البيئة
pollution

مقبرة
cemetery

كنيسة
church

ملعب الأطفال
playground

معبد
temple

طبيعة ريفية
landscape

ورقة
leaf

علامة إرشاد
signpost

طَريق
path

مرج
meadow

حجر
stone

شجرة
tree

رحّالة
hiker

نهر
river

عشب
grass

زهرة
flower

وادٍ

valley

جبل

hill

بحيرة

lake

غابة

forest

صحراء

desert

بركان

volcano

قلعة

castle

قوس قزح

rainbow

فطر

mushroom

نخلة

palm tree

بعوض

mosquito

ذبّانة

fly

نملة

ant

نحلة

bee

عنكبوت

spider

خنفساء

beetle

ضفدعة

frog

سنجاب

squirrel

قنفذ

hedgehog

أرنب

hare

بومة

owl

عصفور

bird

بجعة

swan

خنزير برّي

boar

غزال

deer

إلكة

moose

سد

dam

دولاب الطاحونة الهوائية

wind turbine

خلية شمسية

solar panel

مناخ

climate

نادل
waiter

لائحة الطعام
menu

كرسي
chair

حساء
soup

بيتزا
pizza

أدوات المائدة
cutlery

غطاء المائدة
tablecloth

مقبلات
starter

الصحن الرئيسي
main course

حلوى أو فاكهة بعد الطعام
dessert

مشروبات
drinks

طعام
food

زجاجة
bottle

وجبات سريعة

fast food

طعام الشارع

street food

إبريق الشاي

teapot

علبة السكر

sugar bowl

حصّة

portion

آلة الإسبريسو

espresso machine

كرسي عالٍ

high chair

فاتورة

bill

صينية

tray

سكين

knife

شوكة

fork

ملعقة

spoon

ملعقة الشاي

teaspoon

منديل المائدة

serviette

كأس

glass

صحن
....
plate

صحن الحساء
....
soup plate

صحن الفنجان
....
saucer

صلصة
....
sauce

مملحة
....
salt shaker

مطحنة الفلفل
....
pepper mill

خلّ
....
vinegar

زيت الطعام
....
oil

توابل
....
spices

كتشاب
....
ketchup

خردل
....
mustard

مايونيز
....
mayonnaise

عرض خاص
special offer

زبون
customer

مشتقات الحليب
dairy products

فواكه
fruit

عربة تسوّق
shopping cart

جزّار
butcher's shop

مخبز
bakery

يزن
weigh

خضار
vegetables

لحم
meat

المأكولات المجمّدة
frozen food

مرتدلا أو جبن

cold cuts

معلبات

canned food

مسحوق الغسيل

detergent

حلويات

candy

المواد المنزلية

household products

منظفات

cleaning products

بائعة

sales representative

صندوق الحساب

cash register

أمين صندوق

cashier

قائمة المشتريات

shopping list

أوقات السل

opening hours

محفظة النقود

wallet

بطاقة انتمان

credit card

حقيبة

bag

كيس بلاستيكي

plastic bag

ماء

water

عصير

juice

حليب

milk

كولا

coke

نبيذ

wine

بيرة

beer

كحول

alcohol

كاكاو

cocoa

شاي

tea

قهوة

coffee

قهوة إسبريسو

espresso

كابوتشينو

cappuccino

موزة

banana

تفاح

apple

برتقال

orange

بطيخ

melon

ليمون

lemon

جزرة

carrot

ثوم

garlic

خيزران

bamboo

بصل

onion

فطر

mushroom

لوزيات

nuts

شعيرية

noodles

سباغيتي

spaghetti

أرزّ

rice

سلطة

salad

بطاطا مقلية

fries

بطاطا مقلية

fried potatoes

بيتزا

pizza

هامبورغر

hamburger

ساندويش

sandwich

شريحة لحم مقلية

escalope

لحم خنزير

ham

سلامي

salami

سجق

sausage

دجاج

chicken

لحم محمر

roast

سمك

fish

دقيق الشوفان

porridge oats

موسلي

muesli

كورن فلكس

cornflakes

طحين

flour

كرواسان

croissant

خبز صغير

bread roll

خبز

bread

خبز محمص

toast

بسكويت

cookies

زبدة

butter

لبن زبادي

curd

كعكة

cake

بيضة

egg

بيض مقلي

fried egg

جبنة

cheese

مُثَلَّجات

ice cream

سكر

sugar

عسل

honey

مربّى الفاكهة

jelly

كريم النوغا

nougat cream

الكاري

curry

بيت الفلاح
farm house

مخزن غلال
barn

رزمة من التبن
straw bale

حقل
field

حصان
horse

مقطورة
trailer

جرار
tractor

مهر
foal

حمار
donkey

خروف
sheep

خروف
lamb

ماعز
goat

بقرة
cow

عجل
calf

خنزير
pig

خنزير صغير
piglet

ثور
bull

إوزّة

goose

بطة

duck

صوص

chick

دجاجة

hen

ديك

cockerel

جرذ

rat

قطّة

cat

فأر

mouse

ثور

ox

كلب

dog

كوخ الكلب

dog house

خرطوم الحديقة

garden hose

إبريق

watering can

منجل

scythe

المحراث

plow

منجل

sickle

معزقة

hoe

مذراة الزبل

pitchfork

بلطة

axe

عربة يد

pushcart

معلف

trough

صفيحة الحليب

milk can

كيس

sack

سياج

fence

اصطبل ،

stable

دفيئة

greenhouse

تربة

soil

بذور

seed

سماد

fertilizer

حصّادة درّاسة

combine harvester

يَحْصِد

harvest

محصول

harvest

بطاطا يامس

yams

قمح

wheat

صويا

soya

بطاطا

potato

ذرة

corn

سلجم

rapeseed

شجرة فاكهة

fruit tree

نبات منيهوت

manioc

الحبوب

grain

مدخنة
chimney

سقف
roof

مز راب
downspout

نافذة
window

مرآب
garage

جرس الباب
doorbell

باب
door

قماما
trash can

صندوق البريد
mailbox

حديقة
garden

غرفة جلوس
living room

الحمّام
bathroom

مطبخ
kitchen

غرفة النوم
bedroom

غرفة الأطفال
kids room

غرفة الطعام
dining room

أرضية
floor

حائط
wall

سقف
ceiling

قبو
cellar

ساونا
sauna

بلكون
balcony

شرفة
terrace

مسبح
pool

جزّازة العشب
lawn mower

بياضات السرير
sheet

بطانية
bedspread

سرير
bed

مكنسة
broom

سطل
bucket

مفتاح كهربائي
switch

ورق جدران
wallpaper

صورة
picture

مصباح كهربائي
lamp

رف
shelf

خزانة
cabinet

موقد مفتوح
fireplace

تلفزيون
television

زهرة
flower

وسادة
cushion

كنبة
sofa

مزهرية
vase

تحكم عن بعد
remote control

بصاط
....
carpet

ستارة
....
drape

طاولة
....
table

كرسي
....
chair

كرسي هزّاز
....
rocking chair

كرسي ذو ذراعين
....
armchair

الكتاب

book

بطانية

blanket

زخرفة

decoration

الحطب

firewood

فيلم

film

تجهيزات ستيريو

stereo system

مفتاح

key

جريدة

newspaper

لوحة مرسومة

painting

مُلصق

poster

راديو

radio

دفتر ملاحظات

notebook

المكنسة الكهربائية

vacuum cleaner

صبّار

cactus

شمعة

candle

براد
► fridge

ميكروويف
microwave oven

ميزان المطبخ
► kitchen scales

محمصة الخبز
toaster

منظفات
laundry detergent

فرن
► stove

ثلاجة
► freezer

قمامة
trash can

جلاية
dishwasher

موقد
cooker

قدر
pot

وعاء من الحديد
cast-iron pot

قدر صيني
wok / kadai

مقلاة
pan

غلاية
kettle

قدر البخار

steamer

صينية

baking tray

أواني

crockery

فنجان

mug

صحن

bowl

عيدان الأكل

chopsticks

مغرفة

ladle

ملعقة منبسطة

spatula

خفاقة

whisk

مصفاة

strainer

مصفاة

sieve

مبشرة

grater

هاون

mortar

شواء

barbecue

موقد

fireplace

لوح التقطيع

chopping board

نشّابة

rolling pin

مفتاح الزجاجات

corkscrew

علبة

can

مفتاح العلب المعدنية

can opener

قماش الفرن

oven cloth

مجلى

sink

فرشاة

brush

إسفنج

sponge

خلاط

blender

مجمّدة

deep freezer

زجاجة الطفل

baby bottle

صنبور الماء

tap

تدفئة
heating

منشفة
towel

دوش
shower

ستارة الدوش
shower curtain

حمام رغوة
bubble bath

حوض الحمام
bathtub

كأس
glass

غسّالة
washing machine

قفازات مطاطية
potty

بلاط
tiles

صنبور الماء
tap

مجلى
sink

حمام
toilet

مرحاض القرفصاء
squat toilet

حوض التشطيف
bidet

مبولة
urinal

ورق المرحاض
toilet paper

فرشاة الحمام
toilet brush

فرشاة الأسنان

toothbrush

معجون الأسنان

toothpaste

خيط حرير لتنظيف الأسنان

dental floss

يغسل

wash

رشاش ماء يدوي

hand shower

شطاف

douche

حوض الغسيل

basin

فرشاة الظهر

back brush

صابون

soap

جيل الدوش

shower gel

شامبو

shampoo

ممسحة

flannel

مصرف للماء

drain

مرهم

creme

مزيل الروائح

deodorant

مرآة

mirror

مرآة يد

hand mirror

موس حلاقة

razor

رغوة الحلاقة

shaving foam

كولونيا

aftershave

مشط

comb

فرشاة

brush

سشوار

hair-dryer

مثبت للشعر

hairspray

ماكياج

makeup

روج

lipstick

طلاء أظافر

nail varnish

قطن

cotton wool

مقص أظافر

nail scissors

عطر

perfume

سلة الغسيل

washbag

مقعد صغير

stool

ميزان

weighing scales

معطف الحمام

bathrobe

قفازات مطاطية

rubber gloves

سدادة قطنية

tampon

منشفة صحية

sanitary towel

تواليت كيميائية

chemical toilet

منتّه
alarm clock

الحيوانات المحنطة
cuddly toy

سيارة لعبة
toy car

خشْخْشة
rattle

بيت الدمى
doll's house

هدية
present

بالون
balloon

سرير
bed

عربة الأطفال
stroller

لعبة الورق
deck of cards

أحجية
jigsaw

رسوم هزلية
comic

أحجار الليغو

lego bricks

حجارة تركيب

toy blocks

دمية بطل

action figure

لباس الطفل

romper suit

فريسبي

frisbee

دمية معلقة

mobile

لعبة الطاولة

board game

لعبة النرد

dice

لعبة قطار

model train set

مصّاصة

pacifier

حفلة

party

كتاب مصوّر

picture book

كرة

ball

دمية

doll

يلعب

play

ملعب رملي للأطفال

sandpit

أرجوحة

swing

لعبة

toys

ألعاب فيديو

video game console

دراجة ثلاثية

tricycle

دمية على شكل الدب

teddy bear

خزانة الثياب

wardrobe

ثياب

clothing

جوارب قصيرة

socks

جوارب طويلة

stockings

جورب بنطلون

tights

شال
scarf

شمسية
umbrella

تي شيرت
t-shirt

حزام
belt

حذاء شتوي
boots

شبشب
slippers

أحذية رياضية
sneakers

صندل
....
sandals

حذاء
....
shoes

جزمة كاوتشوك
....
rubber boots

سروال داخلي
....
underwear

صدّارة
....
bra

قميص داخلي
....
undershirt

لباس ملاصق للجسم

body

بنطلون

pants

جينز

jeans

تنورة

skirt

بلوزة

blouse

قميص

shirt

سترة قطنية

pullover

كنزة كم طويل

sweater

سترة فضفاضة

blazer

سترة

jacket

معطف

coat

معطف مطري

raincoat

زي - طقم نسائي

costume

ثوب

dress

ثوب الزفاف

wedding dress

طقم

suit

قميص نوم

nightgown

بيجاما

pajamas

ساري

sari

حجاب

headscarf

عمامة

turban

برقع

burka

قفطان

kaftan

عباءة

abaya

مايوه

swimsuit

سروال سباحة

trunks

شرت

shorts

بدلة رياضية

tracksuit

مئزر

apron

قفازات

gloves

زر

button

نظّارة

glasses

إسوارة

bracelet

عقد

necklace

خاتم

ring

قرط

earring

طاقيّة

cap

علاقة ثياب

coat hanger

قَبّعة

hat

ربطة العنق

tie

سحّاب

zip

خوذة

helmet

حمّالة البنطلون

braces

اللّباس المدرسي

school uniform

زي موحّد

uniform

مريلة الأطفال
bib

مصّاصة
pacifier

لفافة
diaper

المخدّم
server

خزانة الملفات
filing cabinet

طابعة
printer

ورقة
paper

شاشة
monitor

ملف
folder

طاولة المكتب
desk

فأرة
mouse

لوحة المفاتيح
keyboard

كرسي
chair

قماما
waste-paper basket

حاسوب
computer

كأس من القهوة
coffee mug

الآلة الحاسبة
calculator

الإنترنت
internet

الحاسوب المحمول

laptop

رسالة

letter

خبر

message

الهاتف المحمول

cell phone

شبكة

network

جهاز تصوير

photocopier

البرمجيات

software

هاتف

telephone

مقبس كهرباني

plug socket

فاكس

fax machine

استمارة

form

وثيقة

document

يشتري
....
buy

يدفع
....
pay

يتاجر
....
trade

مال
....
money

دولار
....
dollar

يورو
....
euro

ين
....
yen

روبل
....
rouble

فرنك سويسري
....
Swiss franc

يوان
....
renminbi yuan

روبية
....
rupee

صرّاف آلي
....
cash point

مكتب صرافة

currency exchange office

ذهب

gold

فضة

silver

نفط

oil

طاقة

energy

سعر

price

عقْد

contract

ضريبة

tax

سهم

stock

يعمل

work

موظف

employee

رب العمل

employer

مصنع

factory

متجر

shop

الشرطي
police officer

رجل إطفاء
fireman

طبّاخ
cook

الطبيب
doctor

طيّار
pilot

بستاني

....
gardener

نجّار

....
carpenter

خيّاطة

....
seamstress

قاض

....
judge

كيميائي

....
chemist

ممثّل

....
actor

سائق حافلة

bus driver

سائق تاكسي

taxi driver

صياد سمك

fisherman

أجيرة للتنظيف

cleaning lady

بنّاء سقف

roofer

نادل

waiter

صيّاد

hunter

رسّام

painter

خبّاز

baker

كهربائي

electrician

عامل بناء

builder

مهندس

engineer

لحّام

butcher

سمكري

plumber

ساعي البريد

postman

جندي

soldier

مهندس معماري

architect

أمين صندوق

cashier

بائع الزهور

florist

حلاق

hairdresser

مراقب القطار

conductor

ميكانيكي

mechanic

قبطان

captain

طبيب أسنان

dentist

رجل العلم

scientist

حاخام

rabbi

إمام

imam

راهب

monk

كاهن

pastor

كمّاشة
pliers

مطرقة
hammer

مفك البراغي
screwdriver

مصباح يد
torch

مفتاح ربط
wrench

جرافة
excavator

صندوق العدة
toolbox

سلم
ladder

منشار
saw

مسامير
nails

مثقب
drill

يصلح

repair

مجرفة

shovel

اللعنة

Damn!

لقاطة الكناسة

dustpan

سطل الألوان

paint can

براغي

screws

آلات موسيقية

musical instruments

مكبر الصوت
loud speaker

آلات الإيقاع
drum set

غيتار
guitar

كمان أجهر
double bass

بوق
trumpet

بيانو

piano

كمنجة

violin

جيتار باص

bass

طبل كبير

timpani

طبل

drums

بيانو كهربائي

keyboard

ساكسوفون

saxophone

ناي

flute

ميكروفون

microphone

مدخل
entrance

نمر
tiger

قفص
cage

حمار الوحش
zebra

علف للحيوانات
animal feed

دب باندا
panda

حيوانات

animals

فيل

elephant

كنغر

kangaroo

وحيد القرن

rhino

غوريلا

gorilla

دب

bear

جمل

camel

نعامة

ostrich

أسد

lion

قرد

monkey

طائر فلامينغو

flamingo

ببغاء

parrot

دب قطبي

polar bear

بطريق

penguin

سمك القرش

shark

طاووس

peacock

أفعى

snake

تمساح

crocodile

حارس في حديقة الحيوان

zookeeper

عجل البحر

seal

نمر أمريكي مرقط

jaguar

فرس قزم

pony

نمر

leopard

فرس النهر

hippo

زرافة

giraffe

نسر

eagle

خنزير برّي

boar

سمك

fish

سلحفاة

turtle

حيوان فظ البحري

walrus

ثعلب

fox

غزال

gazelle

كرة القدم الأمريكية
American football

ركوب الدراجات
cycling

كرة التنس
tennis

كرة السلة
basketball

السباحة
swimming

الملاكمة
boxing

هوكي الجليد
ice hockey

كرة القدم
soccer

الريشة الطائرة
badminton

ألعاب القوى الخفيفة
athletics

كرة اليد
handball

التزلج على الثلج
skiing

بولو
polo

يملك

have

يعمل

do

يوجد

be

يقف

stand

يركض

run

يسحب

pull

يرمي

throw

يقع

fall

يستلقي

lie

ينتظر

wait

يحمل

carry

يجلس

sit

يلبس

get dressed

ينام

sleep

يستيقظ

wake up

ينظر إلى ..

look at

يبكي

cry

يمسّد

stroke

يمشّط

comb

يتكلم

talk

يفهم

understand

يسأل

ask

يسمع

listen

يشرب

drink

يأكل

eat

يرتب

tidy up

يحب

love

يطبخ

cook

يقود

drive

يطيّر

fly

يبحر بزورق شراعي

sail

يحسب

calculate

يقرأ

read

يتعلم

learn

يعمل

work

يتزوج

marry

يخيط

sew

ينظف أسنانه

brush teeth

يقتّل

kill

يدخّن

smoke

يرسل

send

جدّة
grandmother

جدّ
grandfather

أب
father

أم
mother

الطفل
baby

ابنة
daughter

ابن
son

ضيف
guest

عمّة / خالة
aunt

عمّ / خال
uncle

أخ
brother

أخت
sister

الجبين
forehead

العين
eye

الوجه
face

الذقن
chin

الصدر
breast

الكتف
shoulder

الإصبع
finger

اليد
hand

الذراع
arm

الساق
leg

الطفل
baby

الرجل
man

المرأة
woman

البنت
girl

الولد
boy

الرأس
head

الظهر

back

البطن

belly

السرّة

navel

إصبع القدم

toe

الكعب

heel

العظم

bone

الورك

hip

الركبة

knee

المرفق

elbow

الأنف

nose

العَجُز

buttocks

البشرة

skin

الخد

cheek

الأذن

ear

الشفة

lip

الفم

mouth

السن

tooth

اللسان

tongue

الدماغ

brain

القلب

heart

العضلة

muscle

الرئة

lung

الكبد

liver

المعدة

stomach

الكلى

kidneys

الاتصال الجنسي

sex

الواقي المطاطي

condom

البويضة

ovum

المنيّ

semen

الحمل

pregnancy

الحيض

menstruation

المهبل

vagina

القضيب

penis

الحاجب

eyebrow

الشعر

hair

الرقبة

neck

المستشفى
hospital

سيارة الإسعاف
ambulance

الكرسي المتحرك
wheelchair

كسر
fracture

الطبيب
doctor

غرفة الإسعاف
emergency room

الممرضة
nurse

حالة
emergency

مغمى عليه
unconscious

الألم
pain

إصابة

injury

النزيف

bleeding

احتشاء القلب

heart attack

جلطة

stroke

حسسية

allergy

السعال

cough

الحُمّى

fever

إنفلونزا

flu

الإسهال

diarrhea

وجع الرأس

headache

السرطان

cancer

مرض السكر

diabetes

جرّاح

surgeon

مبضع

scalpel

عملية

operation

سيتي سكان
CT

الأشعة السينية
x-ray

فوق الصوتيّ
ultrasound

القناع
face mask

المرض
disease

غرفة الانتظار
waiting room

العُكاز
crutch

شريط لاصق
plaster

ضماد
bandage

حقنة
injection

سمّاعة الطبيب
stethoscope

نقالة
stretcher

ميزان حرارة
clinical thermometer

ولادة
birth

وزن زائد
overweight

جهاز السمع

hearing aid

المواد المعقّمة

disinfectant

عدوى

infection

فيروس

virus

الإيدز

HIV / AIDS

الطب

medicine

اللقاح

vaccination

أقراص الدواء

tablets

حبّة الدواء

pill

نداء النجدة

emergency call

مقياس ضغط الدم

blood pressure monitor

مريض / صحيح

ill / healthy

النجدة!

Help!

إنذار

alarm

اعتداء

assault

هجوم

attack

خطر

danger

مخرج طوارئ

emergency exit

حريق!

Fire!

جهاز الإطفاء

fire extinguisher

حادث

accident

حقيبة الإسعاف الأولي

first-aid kit

أنقذونا

SOS

الشرطة

police

أوروبا

Europe

أمريكا الشمالية

North America

أمريكا الجنوبية

South America

أفريقيا

Africa

آسيا

Asia

أستراليا

Australia

المحيط الأطلسي

Atlantic

المحيط الهادي

Pacific

المحيط الهندي

Indian Ocean

المحيط المتجمد الجنوبي

Antarctic Ocean

المحيط المتجمد الشمالي

Arctic Ocean

القطب الشمالي

North pole

القطب الجنوبي

South pole

منطقة القطب الجنوبي

Antarctica

أرض

earth

بر

land

بحر

sea

جزيرة

island

أمة

nation

دولة

state

ميناء الساعة

clock face

عقرب الساعات

hour hand

عقرب الدقائق

minute hand

عقرب الثواني

second hand

كم الساعة الآن؟

What time is it?

يوم

day

زمن

time

الآن

now

ساعة رقمية

digital watch

دقيقة

minute

ساعة

hour

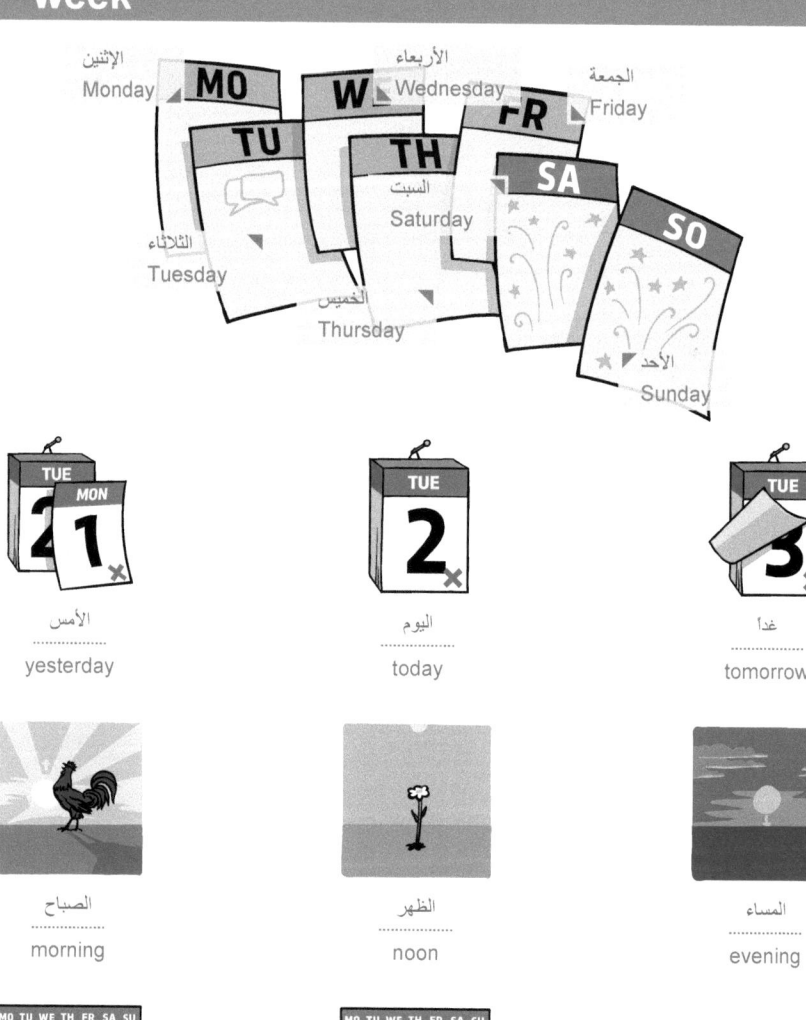

الإثنين
Monday

الأربعاء
Wednesday

الجمعة
Friday

الثلاثاء
Tuesday

السبت
Saturday

الخميس
Thursday

الأحد
Sunday

الأمس
yesterday

اليوم
today

غداً
tomorrow

الصباح
morning

الظهر
noon

المساء
evening

أيام العمل
workdays

نهاية الأسبوع
weekend

مطر
rain

قوس قزح
rainbow

ريح
wind

ثلج
snow

الربيع
spring

الصيف
summer

الخريف
fall

الشتاء
winter

التنبّؤ بالحالة الجوية
weather forecast

مقياس حرارة
thermometer

ضوء الشمس
sunshine

سحابة
cloud

ضباب
fog

رطوبة الجو
humidity

برق

lightning

رعد

thunder

عاصفة

storm

بَرَد

hail

ريح موسمية

monsoon

طوفان

flood

جليد

ice

كانون الثاني / يناير

January

شباط / فبراير

February

آذار / مارس

March

نيسان / أبريل

April

أيار / مايو

May

حزيران / يونيو

June

تموز / يوليو

July

آب / أغسطس

August

أيلول / سبتمبر
....
September

تشرين الأول / أكتوبر
....
October

تشرين الثاني / نوفمبر
....
November

كانون الأول / ديسمبر
....
December

دائرة
....
circle

مربّع
....
square

مستطيل
....
rectangle

مثلّث
....
triangle

كرة
....
sphere

مكعب
....
cube

أبيض

white

أصفر

yellow

برتقالي

orange

وردي

pink

أحمر

red

بنفسجي

purple

أزرق

blue

أخضر

green

بني

brown

رمادي

gray

أسود

black

opposites

كثير / قليل

a lot / a little

غضبان / هادئ

angry / calm

جميل / قبيح

beautiful / ugly

بداية / نهاية

beginning / end

كبير / صغير

big / small

فاتح / قاتم

bright / dark

أخ / أخت

brother / sister

نظيف / وسخ

clean / dirty

كامل / ناقص

complete / incomplete

نهار / ليل

day / night

ميت / حيّ

dead / alive

عريض / ضيّق

wide / narrow

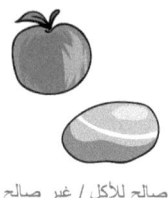

صالح للأكل / غير صالح

edible / inedible

شرّير / لطيف

evil / kind

مثير / ممل

excited / bored

سمين / نحيف

fat / thin

أوّلا / أخيرا

first / last

صديق / عدو

friend / enemy

مليء / فارغ

full / empty

صلب / ليّن

hard / soft

ثقيل / خفيف

heavy / light

جوع / عطش

hunger / thirst

مريض / صحيح

ill / healthy

غير شرعي / شرعي

illegal / legal

ذكي / غبي

intelligent / stupid

يسار / يمين

left / right

قريب / بعيد

near / far

جديد / مستعمل

new / used

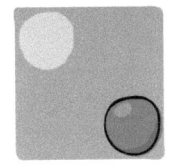

لا شيء / بعض الشيء

nothing / something

مسن / شاب

old / young

يشعل / يطفئ

on / off

مفتوح / مغلق

open / closed

خافت / عالٍ

quiet / loud

غني / فقير

rich / poor

صح / خطأ

right / wrong

أحرش / املس

rough / smooth

حزين / سعيد

sad / happy

قصير / طويل

short / long

بطيء / سريع

slow / fast

مبلول / جاف

wet / dry

ساخن / بارد

warm / cool

حرب / سلم

war / peace

أرقام

numbers

0

صفر

zero

1

واحد

one

2

اثنان

two

3

ثلاثة

three

4

أربعة

four

5

خمسة

five

6

ستة

six

7

سبعة

seven

8

ثمانية

eight

9

تسعة

nine

10

عشرة

ten

11

أحد عشر

eleven

12

اثنا عشر

twelve

13

ثلاثة عشر

thirteen

14

أربعة عشر

fourteen

15

خمسة عشر

fifteen

16

ستة عشر

sixteen

17

سبعة عشر

seventeen

18

ثمانية عشر

eighteen

19

تسعة عشر

nineteen

20

عشرون

twenty

100

مائة

hundred

1.000

ألف

thousand

1.000.000

مليون

million

languages

الإنكليزية

English

الإنكليزية الأمريكية

American English

لغة ماندارين الصينية

Chinese Mandarin

الهندية

Hindi

الاسبانية

Spanish

الفرنسية

French

العربية

Arabic

الروسية

Russian

البرتغالية

Portuguese

البنغالية

Bengali

الألمانية

German

اليابانية

Japanese

أنا

I

أنت

you

هو / هي

he / she / it

نحن

we

أنتم

you

هم

they

من؟

who?

ماذا؟

what?

كيف؟

how?

أين؟

where?

متى؟

when?

اسم

name

خلف

behind

في

in

أمام

in front of

فوق

over

على

on

تحت

under

جنب

beside

بين

between

مكان

place